ITINÉRAIRE GÉNÉRAL

DES

OMNIBUS

DE PARIS

THÉATRES ET MONUMENTS PUBLICS

PARIS
C. LIGODIÈRES, PROPRIÉTAIRE-ÉDITEUR
Rue des Fossés-St-Jacques, 20

ITINÉRAIRE GÉNÉRAL

DES

OMNIBUS DE PARIS

ITINÉRAIRE GÉNÉRAL

DES

OMNIBUS

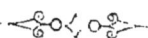

DE PARIS

THÉATRES ET MONUMENTS PUBLICS

PARIS

C. LIGODIÈRES, PROPRIÉTAIRE-ÉDITEUR

Rue des Fossés-Saint-Jacques, 20

1863

Voiture jaune. Lanternes rouge et rouge

D'AUTEUIL AU PALAIS-ROYAL

Place de l'Embarcadère.
Rue de la Fontaine.
Rue Boulainvilliers.
Grande rue de Passy.
Place de la Mairie (Passy), **AB**.
Rue Benjamin-Delessert
Rampe du Trocadéro.
Pont de l'Alma, **AD**, voie ferrée de
Boulogne à Sèvres.
Quai de Billy.
Cours-la-Reine, **AC-AF**, voie ferrée de Boulogne à Sèvres.
Place de la Concorde.
Rue de Rivoli.
Place du Palais-Royal, **D-G-H-Q-R-S-X-Y**.

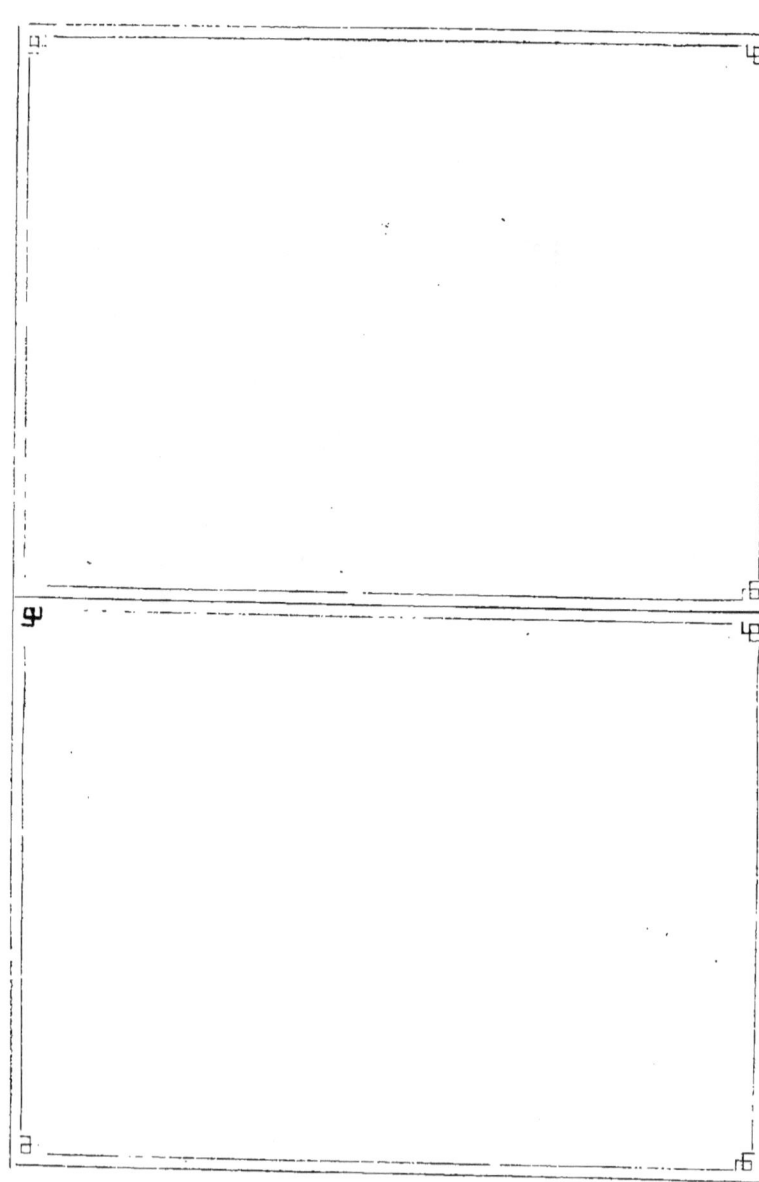

Voiture verte. Lanternes vert et vert

DE PASSY A LA PLACE DE LA BOURSE

Grande rue de Passy.
Place de la Mairie (Passy), **A**.
Rue de la Pompe.
Avenue de Saint-Cloud.
Place de l'Etoile.
Boulevard Beaujon.
Rue du Faubourg-St-Honoré, 117, **D-R**.

Rue Royale-St-Honoré, 15. **B-R-AF-AC**.
Boulevard de la Madeleine, 27, **E-F**.
Boulevard des Capucines.
Boulevard des Italiens, 8, **E-H**.
Rue Vivienne.
Place de la Bourse, **F-I-V**.

Voiture verte. Lanternes rouge et vert.

DE LA PETITE VILLETTE AU COURS LA REINE

Route d'Allemagne.
Barrière de Pantin, **M**.
Rue Lafayette, **L**.
Rue de Dunkerque, 17, **K-V**.
Rue du Faubourg-Poissonnière.
Rue Papillon, 2, **B-T-V**.
Rues Richer, de Provence.
Rue Saint-Honoré.
Rue de la Chaussée-d'Antin.

Rue de la Paix
Place Vendôme.
Rue Royale-Saint-Honoré, 15, **B-R-D-AB-AF**.
Cours la Reine, **A-AF**, Voie ferrée de Boulogne et Sèvres, voitures de Boulogne et Saint-Cloud, moyennant un supplément de prix.

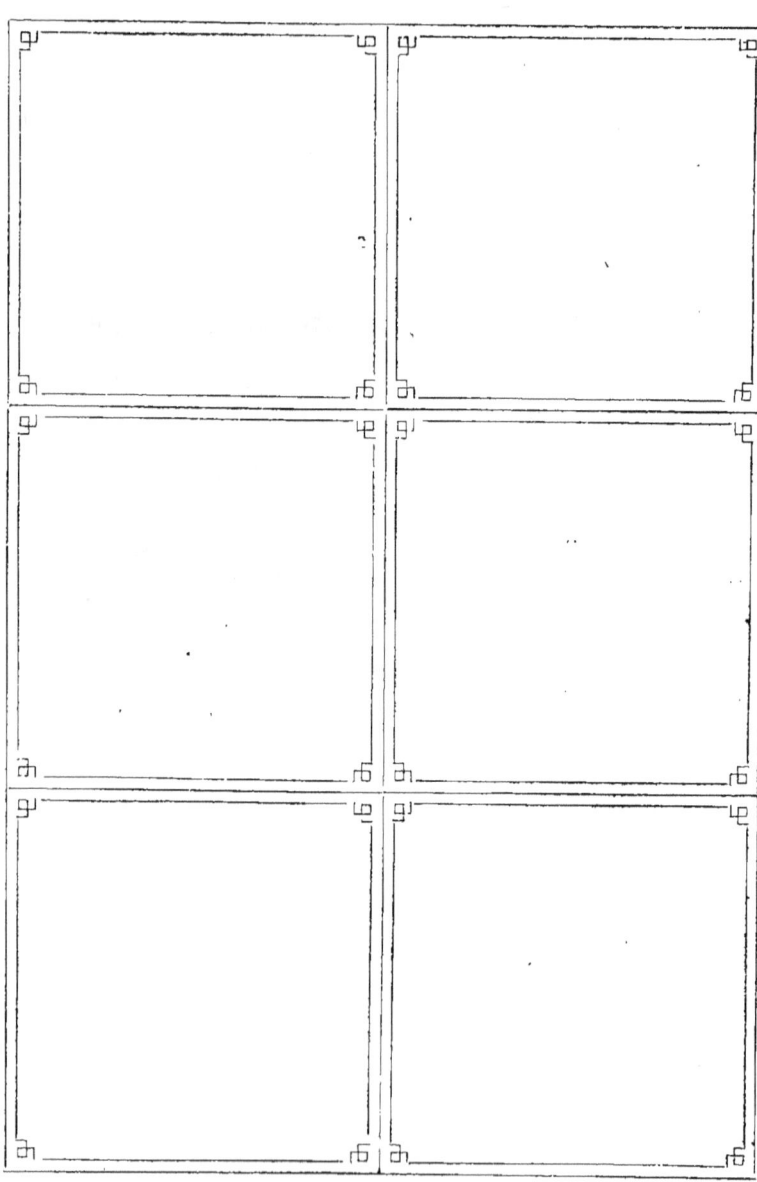

Voiture verte. Lanternes vert et vert

DU CHATEAU D'EAU AU PONT D'ALMA

Rue du Temple.
Château-d'Eau, **E-N-AE**.
Rue de Rivoli.
Place du Châtelet, **G-J-K-O-Q-R-S-U-AG**.
Quai de la Mégisserie.
Place Dauphine. **I-O-V**.
Rue de Bucy.
Rue Jacob.

Rue de l'Université.
Rue de Bellechasse.
Rue Saint-Dominique, 78, **Y-AF**.
Rue de Bourgogne.
Rue de l'Université.
Pont d'Alma, **A**, voie ferrée de Boulogne et Sèvres, voitures de Boulogne et Saint-Cloud, moyennant un supplément de prix.

Voiture verte Lanternes rouge et blanc

DE VINCENNES AUX ARTS-ET-MÉTIERS

Avenue de Vincennes.
Place du Trône. **Q**.
Boulevard du Prince-Eugène.
Boulevard du Temple, 78, **N-AD-E**.
Boulevard Saint-Martin.

Porte Saint-Martin. **L-N-T-Y**.
Rue Saint-Martin.
Rue Neuve-Saint-Denis.
Boulevard Sébastopol.
Arts-et-Métiers. **AG**.

Voiture verte. Lanternes rouge et rouge

DU PANTHÉON AU BOULEVARD MALESHERBES

Place du Panthéon.
Rue Soufflot, **J**.
Rue Monsieur-le-Prince.
Rue et Place Saint-Sulpice, 8 et 10, **H-L-O-Z**.
Rue du Vieux-Colombier.
Rue Grenelle-Saint-Germain, 4, **V**.
Rue de Grenelle, **X-Z**.
Rue Bellechasse.
Rue Saint-Dominique, 78, **Y-AD**.
Rue de Bourgogne.
Pont et place de la Concorde.
Cours la Reine, **A-AC**, voie ferrée de Boulogne à Sèvres, voitures pour Boulogne et Saint-Cloud, moyennant un supplément de prix.
Rue Royale-Saint-Honoré, 15, **B-D-R-AB-AC**.
Place de la Madeleine, **E-F**.
Boulevard Malesherbes.
Boulevard Monceaux, **M**.

Voiture brun-foncé. Lanternes vert et vert

MONTROUGE A L'EMBARCADÈRE DE L'EST

Grande route d'Orléans.
Rue d'Enfer.
Boulevard Sébastopol (r. g.), 21, **J-K-Z**.
Place du Pont-St-Michel, **I-J-L**.

Pont au Change.
Place du Châtelet, **G-J-K-O-Q-R-S-U-AD**.
Boulevard Sébastopol (r. d.), **AE**.
Boulevard de Strasbourg, **B-L**.

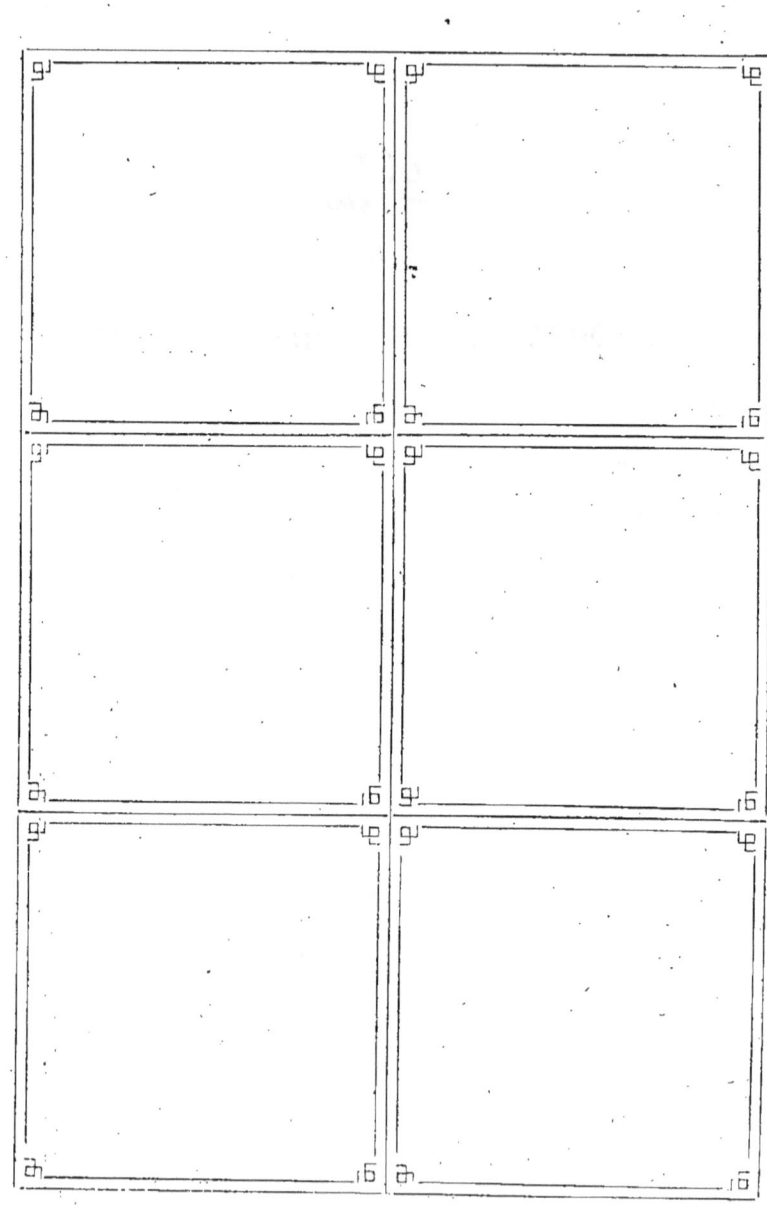

Voiture jaune. Lanternes rouge et vert

DE CHAILLOT A SAINT-LAURENT

Rue de Chaillot.
Avenue des Champs-Élysées. **C**.
Avenue et rue Matignon.
Rue du Faubourg-Saint-Honoré.
Rue Royale-Saint-Honoré, **D-R-AB-AC-AF**.
Place de la Madeleine, boulevard. **E-F**.
Rue Tronchet.
Rue du Havre.
Place du Havre, **X-F**.

Rue Saint-Lazare, 78, **G**.
Rue Bourdaloue, 9, **H-J**.
Rue Lamartine.
Place Cadet, 55, **I-T**.
Rue Montholon.
Rue Papillon. **T-V-AC**.
Rue Paradis-Poissonnière.
Rue de la Fidélité.
Boulevard et rue de Strasbourg. **L-AG**.

Voiture jaune. Lanternes rouge et rouge

DE COURBEVOIE AU LOUVRE

Avenue de Neuilly.
Place de l'Étoile.
Avenue des Champs-Élysées, 96,
B.

Place de la Concorde.
Rue de Rivoli.
Rue du Louvre. **G-R-S-Q-V**.

Voiture jaune. Lanternes rouge et rouge

TERNES AUX FILLES-DU-CALVAIRE

Grande rue des Ternes.
Rue du Faubourg-St-Honoré, 117, **R-AB**.
Rue Royale-Saint-Honoré, 5, **B-AC-AF**.
Boulevard de la Madeleine, 27, **E-F**.
Rue Duphot.
Rue Saint-Honoré, 155, **A-G-H-Q-R-S-X-Y**, voitures de Boulogne à Saint-Cloud, moyennant un supplément de prix.
Rue de la Monnaie.
Pointe-Sainte-Eustache, **F-J-U**.
Rues Montorgueil, Mauconseil.
Rue Saint-Denis.
Rues Grenetat, Réaumur.
Rues Phélippeaux, de Bretagne.
Rue des Filles-du-Calvaire.
Boulevard du Temple.
Cirque Napoléon, **E-O**.

Voiture jaune. Lanternes rouge et rouge

LA BASTILLE A LA MADELEINE

Boulevard Beaumarchais, **F-P-Q-R-S-Z**.
Boulevard des Filles-du-Calvaire. **D-O**.
Boulevard du Temple, 78, **N-AD-Æ**.
Boulevard Saint-Martin, **L-T-Y**.
Boulevard Saint-Denis, **K-N**.

Boulevard Bonne-Nouvelle.
Boulevard Poissonnière.
Boulevard Montmartre.
Boulevard des Italiens, 8, **H-AB**.
Boulevard des Capucines.
Boulevard de la Madeleine, 27, **D-F-B-AB-AF**.

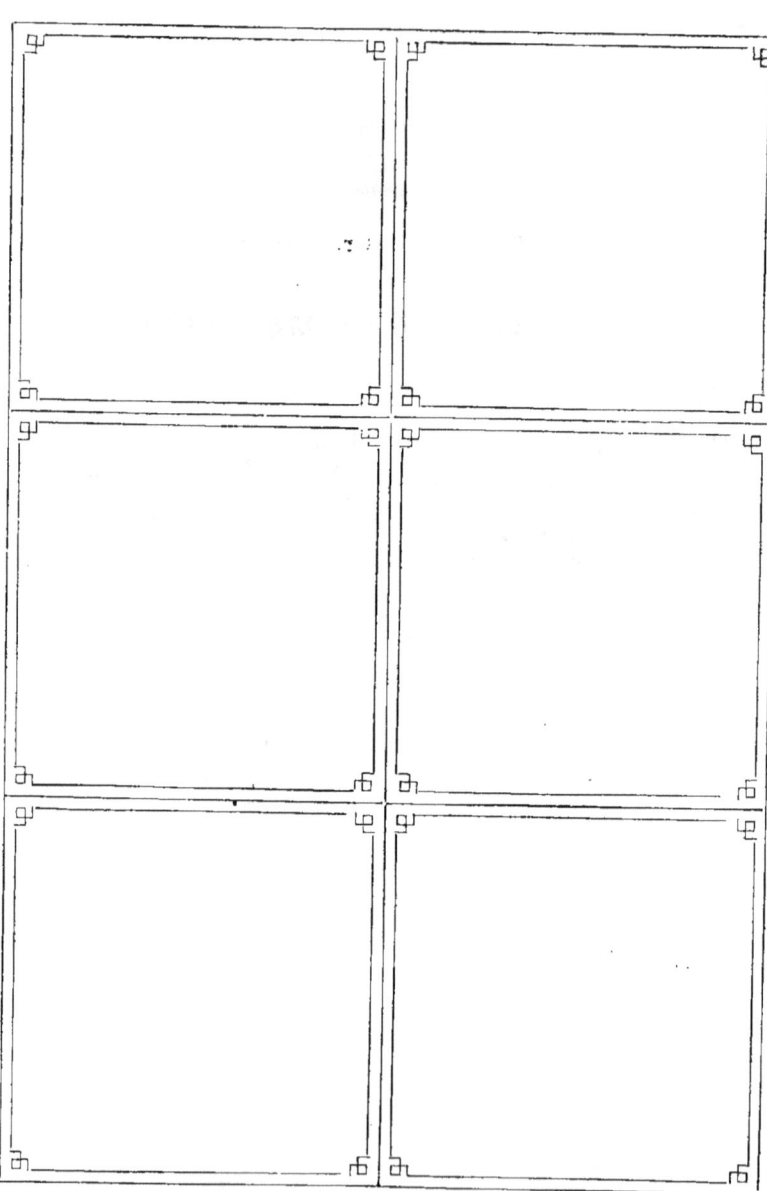

Voiture brun foncé Lanternes rouge et rouge

LA BASTILLE A MONCEAUX

Place de la Bastille, **E-P-Q-R-S-Z**.
Rue du Pas-de-la-Mule.
Rue Neuve-Sainte-Catherine.
Rue des Francs-Bourgeois.
Rue du Paradis (Marais).
Rue Rambuteau, 36, **T**.
Pointe Saint-Eustache, **D-J-U**.
Rue Coquillière.
Rue Catinat. **I-N-V**.
Place des Victoires.
Rue Notre-Dame-des-Victoires.

Place de la Bourse, **I-V-AB**.
Rue Neuve-Saint-Augustin.
Boulevard des Capucines.
Boulevard de la Madeleine, 27, **B-D-Σ-AB-AF**.
Rue Tronchet.
Rue de la Ferme-des-Mathurins.
Place du Havre, **X-B**.
Rue Saint-Lazare.
Rue du Rocher.
Rue de Lévis.
Route d'Asnières.

Voiture jaune clair. Lanterns vert et vert

BATIGNOLLES AU JARDIN DES PLANTES

Rue de l'Hôtel-de-Ville.
Boulevard de Clichy, 45, **H-M**.
Rues de Clichy, Saint-Lazare, **B**.
Rue de la Chaussée-d'Antin, 57.
Rues du Port-Mahon, d'Antin.
Rue du Marché-Saint-Honoré.
Rue Saint-Honoré, 155, **A-D-H-Q-R-X-Y**.
Place du Palais-Royal.

Rue du Louvre, **C-S-V**.
Place du Châtelet, **J-K-O-Q-R-S-U-AD-AG**, voitures de Boulogne à Saint-Cloud, moyennant un supplément de prix.
Pont Notre-Dame.
Rues de la Cité, Galande, Saint-Victor.
Fontaine Cuvier, **U**.

Voiture jaune. Lanternes rouge et rouge

DE CLICHY A L'ODÉON

Avenue de Clichy, rue de Paris.
Boulevard de Clichy, 43, **G-M**.
Rue Fontaine-Saint-Georges.
Rue Notre-Dame-de-Lorette.
Rue Bourdaloue, 9, **B-J**.
Rue Laffitte.
Boulevard des Italiens, 8, **E-AB**.
Rue Richelieu.
Rue Saint-Honoré, 155, **A-D-G-Q-R-S-X-Y**, voitures de Boulogne à Saint-Cloud, moyennant un supplément de prix.
Rue de Rivoli, place du Carrousel.
Pont-Royal, quai Voltaire.
Rue des Saints-Pères.
Rues Taranne, du Dragon.
Rue de Grenelle, 4, **V-Z**.
Rue du Vieux-Colombier.
Place et rue Saint-Sulpice, 8, **L-O-Z-AF**.
Rue de Tournon.
Rue de Vaugirard.

Voiture verte. Lanternes rouge et rouge

MONTMARTRE A LA HALLE AUX VINS

Rues Marcadet, de Clignancourt.
Rue Rochechouart.
Place Cadet, 55, **B-T**.
Rues Cadet, du Faubourg-Montmartre.
Boulevard Montmartre.
Rue Vivienne.
Place de la Bourse, **F-V-AB**.
Rue Neuve-des-Petits-Champs.
Rue Croix-des-Petits-Champs, **F-N-V**.

Rue Saint-Honoré.
Rue de l'Arbre-sec.
Pont-Neuf, place Dauphine, **O-V-AD**.
Quai des Orfèvres.
Pont et quai Saint-Michel.
Place du Pont-Saint-Michel, **J-K-L-AG**.
Quai Montebello, place Maubert.
Boulevard Saint-Germain, 14, **T-U-Z**.

Voiture jaune. Lanternes rouge et rouge

DE L'ANCIENNE BARRIÈRE
PIGALLE A L'ANCIENNE BARRIÈRE DE LA GLACIÈRE

Ancienne barrière des Martyrs, **M**.
Rue des Martyrs.
Rue Bourdaloue. 8. **B-H**.
Rue et Faubourg-Montmartre.
Pointe Saint-Eustache. **D-F-U**.
Rue de la Tonnellerie.
Halles centrales.
Place du Châtelet. **G-K-O-Q-R**-
S-U-AD-AG.

Pont-au-Change.
Boulevard Sébastopol (rive gauche)
Pont et quai Saint-Michel.
Place du Pont-Saint-Michel. **I-L-AG**
Boulevard Sébastopol, 21 (rive g.).
K-Z AG.
Rue Soufflot, 14. **A-F**.
Rue et Faubourg-Saint-Jacques.

K

Voiture jaune. Lanternes vert et rouge

LA CHAPELLE AU COLLÉGE DE FRANCE

Grande rue de la Chapelle, **M**.
Rue du Faubourg-Saint-Denis.
Rue de Dunkerque, 17, **V-AC**.
Porte Saint-Denis, **E-N-T**.
Rue Saint-Denis.
Place du Châtelet. **G-J-O-Q-R-S-U-AD-AG**.

Pont-au-Change.
Boulevard Sébastopol (r. g).
Place du Pont-Saint-Michel, **L-I**.
Boulevard Sébastopol, 21 (r. g.).
J-Z-AG.
Rue des Ecoles.

Voiture jaune. Lanternes rouge et rouge

DE LA VILLETTE A SAINT-SULPICE

Rue de Flandre.
Rue du Faubourg-Saint-Martin, **AC**.
Rue de Strasbourg, 1, **B-AG**.
Porte Saint-Martin, **E-N-T-Y-AE**.
Rue Saint-Martin, Pont Notre-Dame.
Rue de la Cité, Petit-Pont.

Quai Saint-Michel.
Place du Pont-Saint-Michel, **I-J-K-AG**.
Rue Saint-André-des-Arts.
Rues de Buci, de Seine.
Rue Saint-Sulpice.
Place Saint-Sulpice, 8 et 10, **H-O-Z-AF**.

Voiture jaunes. Lanternes vert et rouge

DE BELLEVILLE AUX TERNES

Boulevard de Belleville.
Boulevard de la Chopinette.
Boulevards du Combat, de Pantin, **AC**.
Boulevards de la Villette, des Vertus.
Boulevard de Saint-Denis, **K**.
Boulevard Poissonnière.

Boulevard Rochechouart.
Boulevard des Martyrs, **J**.
Boulevard Montmartre.
Boulevard Clichy, **H·G·AF**.
Boulevards de Monceaux, de Chartres.
Boulevards de Courcelles, de l'Étoile.

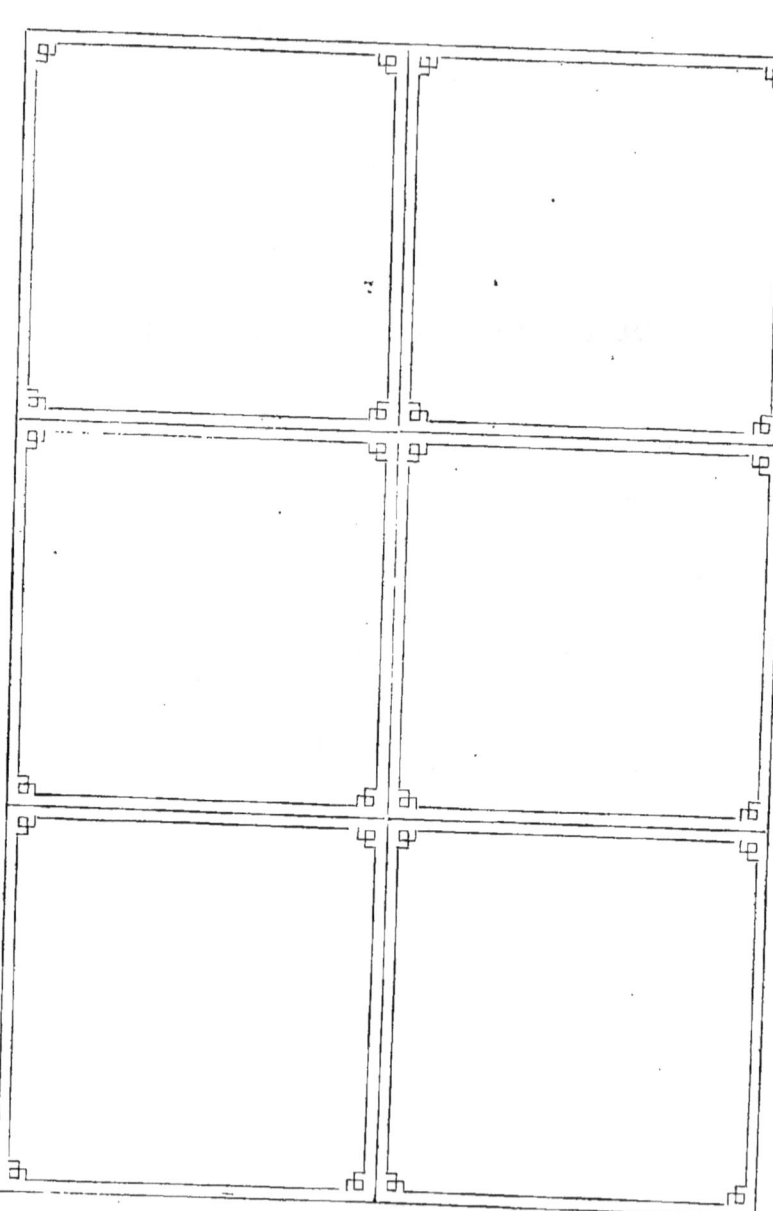

Voiture verte. Lanternes rouge et rouge

BELLEVILLE A LA PLACE DES VICTOIRES

Rue de Paris.
Rue du Faubourg-du-Temple.
Boulevard du Temple. 78. **E-AD-AE**.
Rue de Bondy.
Porte Saint-Martin, **L-T-Y-AE**.

Porte Saint-Denis. **E-T-K**.
Rue Bourbon-Villeneuve.
Rue Neuve-Saint-Eustache.
Rue des Fossés-Montmartre.
Place des Victoires.
Rue Catinat, **F-I-V**.

Voiture verte. Lanternes rouge et vert

MÉNILMONTANT A LA CHAUSSÉE DU MAINE

Rue de Ménilmontant.
Rue des Filles-du-Calvaire.
Boulevard des Filles-du-Calvaire. **D-E**.
Rue Vieille-du-Temple.
Rue de Rivoli.
Rue des Deux-Portes-Saint-Jean. **T**.
Place du Châtelet, **G-J-K-Q-R-S-U-AD-AG**.
Quai de la Mégisserie.
Pont-Neuf.
Place Dauphine. 2. **I-V-AD**.
Rue Dauphine.
Rue de l'Ancienne-Comédie
Carrefour de l'Odéon.
Rue Saint-Sulpice.
Place Saint-Sulpice. 8. **H-L-Z-AF**.
Rue Bonaparte.
Rue de Vaugirard.
Rue de Rennes.
Boulevard et rue de Montparnasse
Rue de la Gaîté.
Chaussée du Maine.

Voiture jaune. Lanternes rouge et rouge.

DE L'ANCIENNE BARRIÈRE
CHARONNE A L'ANCIENNE BARR. DE FONTAINEBLEAU

Rue de Charonne.
Boulevard de Fontarabie.
Rue de la Roquette.
Place de la Bastille, **E-F-Q-R-S-Z**.
Boulevard de la Contrescarpe.

Place Mazas.
Pont d'Austerlitz.
Place Valhubert.
Rue de la Gare, 100, **T**.
Boulevard de l'Hôpital.
Place d'Italie, 19, **V**.

Voiture jaune. Lanternes rouge et rouge.

LA PLACE DU TRONE AU PALAIS-ROYAL

Place du Trône, **AE**.
Rue du Faubourg-Saint-Antoine.
Place de la Bastille, **E-F-P-R-S-Z**.
Rues St-Antoine, du Petit-Musc.
Quais des Célestins, Saint-Paul.
Quais des Ormes, de la Grève.
Pont Louis-Philippe, **T**.
Quais Lepelletier, de Gèvres.

Place du Châtelet, **G-J-K-O-U-AD-AG**.
Rues de Rivoli, Saint-Denis.
Quais de la Mégisserie, de l'École.
Place du Louvre.
Rue du Louvre, **C-V**.
Place du Palais-Royal, **A-D-G-H-R-X-Y**, voitures de Boulogne à Saint-Cloud.

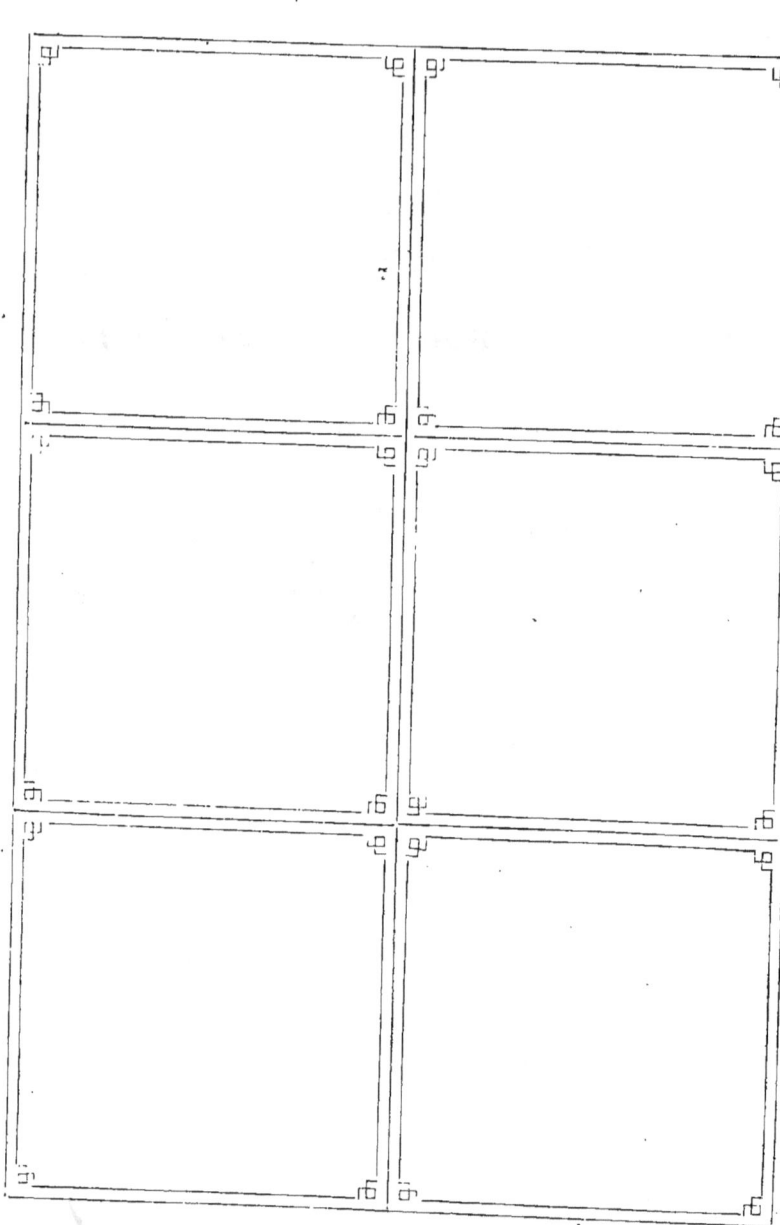

Voiture verte. Lanternes violet et rouge

DE LA BARRIÈRE

CHARENTON AU FAUBOURG ST-HONORÉ

Rue de Charenton.
Place de la Bastille, **E-F-P-Q-S-Z**, voitures de Boulogne à Saint-Cloud.
Rue Saint-Antoine.
Rue de Rivoli.
Rue des Deux-Portes-St-Jean, **T**.
Place du Châtelet, **G-J-K-O-U-AG-Œ**.
Rue de Rivoli.

Rue du Louvre, **C-S-V**.
Rue Saint-Honoré, 155, **A-D-G-H-Q-X-Y**, voitures de Boulogne à Saint-Cloud.
Place du Palais-Royal.
Rues de Rohan, de Rivoli.
Rue Royale-Saint-Honoré, 15, **B-AB-AC-AF**.
Rue du Faubourg-Saint-Honoré, 117, **D-AB**.

Voiture jaune. Lanternes rouge et rouge

DE BERCY AU LOUVRE

Quais de Bercy, de la Rapée.
Boulevard Mazas, rue de Lyon.
Place de la Bastille, **E-F-P-Q-R-Z**.
Rues Saint-Antoine, de Rivoli.

Rue des Deux-Portes-St-Jean, **T**.
Place du Châtelet, **G-J-K-O-U-AD-AG**.
Rue du Louvre, **A-C-D-G-H-V-R**.

Voiture jaune. Lanternes rouge et rouge

LA GARE D'IVRY A LA PLACE CADET

Quai de la Gare d'Ivry.
Rues Jouffroy, de la Gare, 100, **P**.
Place Valhubert.
Quai Saint-Bernard,
Boulevard Saint-Germain, 14, **I-U-Z**.
Quai de la Tournelle.
Pont de la Tournelle.
Rue des Deux-Ponts.
Pont Marie, Quai des Ormes.
Rue du Pont-Louis-Philippe, **Q**.
Rue de Rivoli.
Rue des Deux-Portes-Saint-Jean,

O-R-S.
Rues de la Verrerie, du Temple.
Rue Rambuteau, 56, **F**.
Rue Saint-Martin.
Porte Saint-Martin, **E-L-N-Y-AE**.
Boulevard Saint-Denis.
Porte Saint-Denis, **K-N**.
Rue du Faubourg-Saint-Denis.
Rue des Petites-Ecuries.
Rue du Faubourg-Poissonnière.
Rue Bleue, 2, **B-V-AC**.
Place Cadet, 53, **B-I**.

Voiture jaune. Lanternes vert et rouge

MAISON-BLANCHE A LA POINTE-STE-EUSTACHE

Grande route de Fontainebleau.
Place d'Italie, 19, **P**.
Rues Mouffetard, du Fer-à-Moulin.
Rue Geoffroy-Saint-Hilaire.
Rue Saint-Victor, **G**.
Boulevard St-Germain, 14, **I-T-Z**.
Rue du Cardinal-Lemoine.
Quai de la Tournelle.
Pont de l'Archevêché.

Quai Napoléon, rue d'Arcole.
Place de l'Hôtel-de-Ville, Avenue Victoria.
Place du Châtelet, **G-J-K-O-Q-R-S-AD-AG**.
Boulevard Sébastopol, rue de Rivoli.
Rue des Halles-Centrales.
Pointe Saint-Eustache, **F-D-J**.

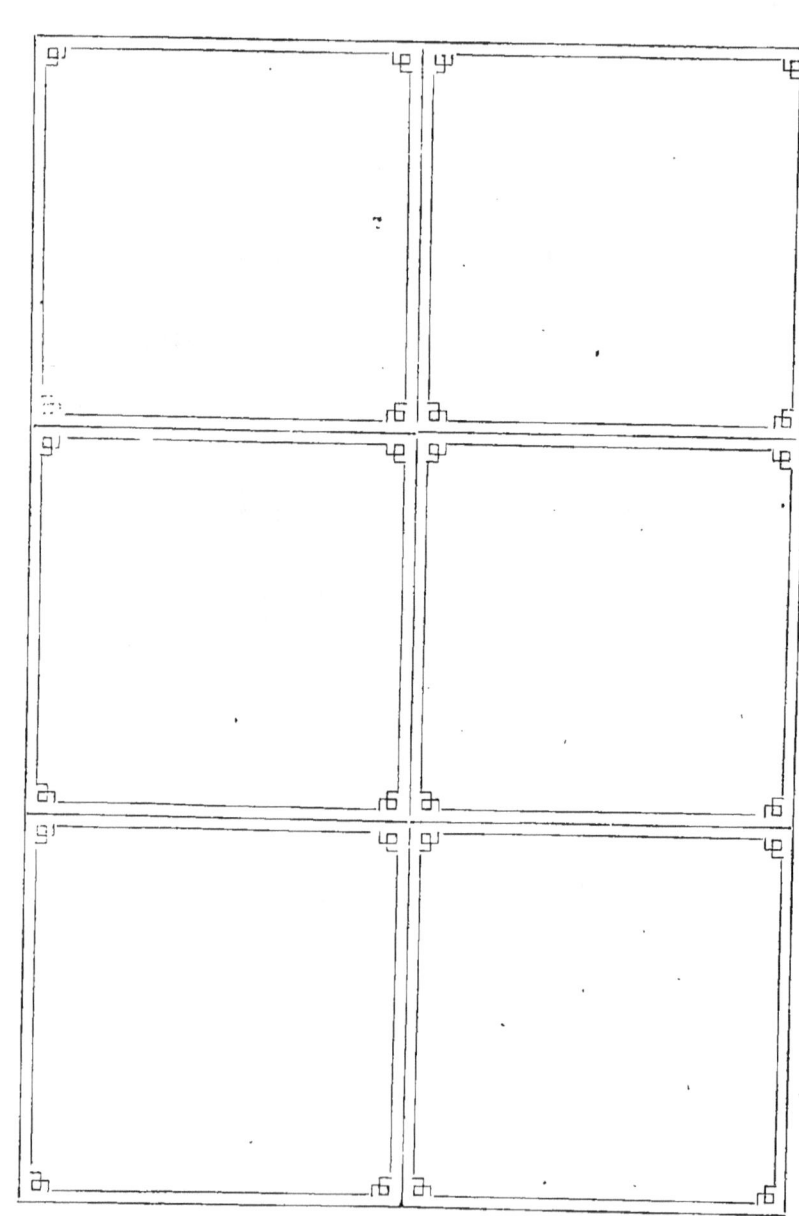

Voiture brun-clair. Lanternes vert et rouge

DE L'ANCIENNE BARRIÈRE
DU MAINE A L'EMBARCADÈRE DU NORD

Avenue du Maine.
Rue du Cherche-Midi.
Rue Sainte-Placide.
Rue de Sèvres, 55, **X**.
Rue de Grenelle, 4, **H-Z-AF**.
Rues du Dragon, Taranne.
Rues Ste-Marguerite, Bonaparte.
Quais de l'Institut, Conti.
Pont-Neuf, place Dauphine, **I-O-AD**.
Quai de l'École, Place du Louvre.
Rue du Louvre, **C-G-Q-R-S**.
Rue Croix-des-Petits-Champs, 54.

I-F-N.
Place des Victoires.
Rues de la Feuillade, de la Banque.
Place de la Bourse, **I-F-AB**.
Rue Vivienne.
Boulev. et Faubourg-Montmartre.
Rues Bergère, du Faubourg-Poissonnière.
Rue Papillon, 2, **B-T-AC**.
Rue et place Lafayette.
Rue Denain, place Roubaix.
Rue de Dunkerque, **K-AC**.

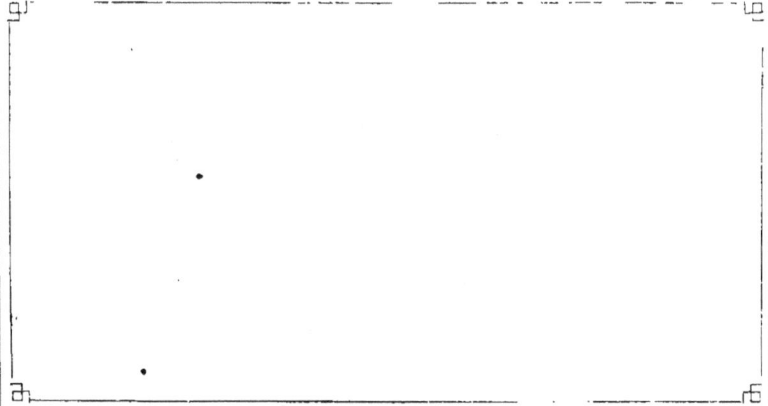

Voiture jaune. Lanternes vert et rouge

DE VAUGIRARD A LA PLACE DU HAVRE

Grande rue de Vaugirard.
Rues du Parc, de l'École.
Rue de Sèvres, **V**.
Rue du Bac.
Rue de Grenelle, 69, **Z-AF**.
Pont-Royal, place du Carrousel.
Place du Palais-Royal, **A-D-G-H-Q-R-Y**, voitures de Boulogne à
Saint-Cloud, moyennant un supplément de prix.
Rues Saint-Honoré, de Richelieu.
Rue Neuve-des-Petits-Champs.
Rue Neuve-des-Capucine.
Rue de Caumartin.
Rue Saint-Lazare.
Place du Havre, **B-F**.

Voiture brun-clair Lanternes rouge et blanc

GRENELLE A LA PORTE SAINT-MARTIN

Avenue du Commerce.
Champ de Mars.
Avenue de Lamothe-Piquet, **Z**.
Rues de l'Eglise, Saint-Dominique.
Rue de Bourgogne, **AF-AD**.
Rue du Bac.
Pont-Royal.
Place du Carrousel.
Place du Palais-Royal, **A-D-G-H-Q-R-X**, voitures de Boulogne à
Saint-Cloud, moyennant un supplément de prix.
Rue Saint-Honoré.
Rue de Grenelle.
Rue Jean-Jacques-Rousseau.
Rue Montmartre.
Boulevard Poissonnière.
Boulevard Bonne-Nouvelle.
Boulevard Saint-Denis.
Porte Saint-Martin, **E-L-N-T-AE**.

Voiture brun clair. Lanternes vert et vert

DE GRENELLE A LA BASTILLE

Avenue de Lowendhal.
Avenue de la Bourdonnaye.
Avenue de Lamothe-Piquet, **Y**.
Esplanade des Invalides.
Rue de Grenelle-St-Germain, 69, **X-AF**.
Rue du Four.
Rue de Grenelle-St-Germain, 4, **H-V**.
Rue Bonaparte.
Place et rue Saint-Sulpice, 8 et 10, **H-L-O-AF**.
Rue de l'Ecole-de-Médecine.

Boulevard Sébastopol (rive gauche). **K-AG-J**.
Boulevard Saint-Germain. **I-T-V**.
Rue du Cardinal-Lemoine.
Quai et pont de la Tournelle, 21.
Rue des Deux-Ponts.
Pont-Marie.
Rue des Nonnains-d'Hyères.
Rue de Fourcy.
Rue de Rivoli.
Rue Saint-Antoine.
Place de la Bastille, **E-F-P-Q-R-S**.

VISITES

AUX

MONUMENTS PUBLICS

MONUMENTS PUBLICS

AVIS ESSENTIEL

*Ne pas oublier de se munir de son passe-port.
S'adresser à Son Excellence le Ministre d'État, pour avoir la collection de billets
dont il peut disposer.*

PALAIS DES TUILERIES

Résidence impériale. — Le Palais peut être visité avec la permission du commandant du Palais, lorsque l'Empereur ne l'habite pas.

PALAIS DE VERSAILLES ET DE TRIANON

Les Palais de Versailles et de Trianon sont visibles tous les jours, de 11 à 4 heures, excepté le lundi.

Prendre pour y aller le chemin de fer rive droite aux demies, ou la rive gauche aux heures.

MANUFACTURES IMPÉRIALES

La Manufacture impériale de Sèvres est visible tous les jours, de 11 à 4 heures, excepté les dimanches et fêtes, avec une permission du Ministre d'État, ou sur le vu d'un passe-port. Mêmes chemins de fer.

La Manufacture impériale des Gobelins est visible le mercredi et le samedi, de 2 à 4 heures en été, et de 1 à 3 heures en hiver, avec une permission demandée au Ministre d'État ou à l'administrateur de la manufacture.

SAINTE-CHAPELLE

La Sainte-Chapelle est visible tous les jours, avec une permission du Ministre d'État ou sur le vu d'un passe-port.

TOMBEAU DE L'EMPEREUR — HOTEL DES INVALIDES

Le Tombeau de l'Empereur est visible pour tout le monde le lundi, de midi à 5 heures, et le jeudi aux mêmes heures, sur la présentation d'un passe-port.

Les Plans en relief, aux Invalides, sont visibles du 1ᵉʳ mai au 15 juin, en adressant une demande de billets au général président du comité des fortifications ou sur le vu d'un passe-port.

HOTEL DE VILLE

Les Appartements de l'Hôtel de Ville sont visibles les jeudis, sur la présentation d'un billet délivré par le préfet de la Seine ou sur le vu d'un passe-port.

Nota. A l'approche des fêtes données par l'Hôtel de Ville, les appartements ne peuvent être visités.

MUSÉES

Les Musées du Louvre sont visibles tous les jours, de 10 à 4 heures, excepté les lundis.

Le Musée du Luxembourg est visible tous les jours, de 11 à 4 heures, excepté les lundis.

Le Musée de Versailles est visible tous les jours, de 11 à 4 heures, excepté les lundis.

Le Musée des Thermes et de l'Hôtel de Cluny est ouvert pour tout le monde les dimanches, de 10 à 4 heures. Les mercredis, jeudis et vendredis, il est visible de midi à 4 heures, sur le vu d'une permission demandée au directeur du Musée ou sur le vu d'un passe-port.

Le Musée d'Artillerie, place Saint-Thomas d'Aquin, est visible les jeudis, sur la présentation d'un billet demandé au Conservateur du Musée ou sur le vu d'un passe-port.

Le Musée des Monnaies est visible les mardis et vendredis, de midi à 3 heures.

Les mêmes jours, de 10 à 4 heures, on peut visiter les Ateliers, sur la présentation de billets délivrés par le président de la Commission des Monnaies.

Le Muséum d'Histoire naturelle, au Jardin des Plantes, est visible les mardis, jeudis et samedis, de 11 à 2 heures, avec des billets demandés au directeur ou sur le vu d'un passe-port. Les mardis et jeudis, il est ouvert au public, de 2 à 5 heures, et le dimanche, de 1 à 5 heures.

CONSERVATOIRE DES ARTS ET MÉTIERS

Le Conservatoire des Arts et Métiers, rue Saint-Martin, est ouvert au public les dimanches et jeudis, depuis 10 jusqu'à 4 heures.

EXPOSITION DES PRODUITS DE L'ALGÉRIE

L'Exposition permanente des Produits de l'Algérie, rue de Grenelle-Saint-Germain, 107, est visible tous les jeudis, sur la présentation de cartes délivrées par M. le ministre de la guerre.

BIBLIOTHÈQUES

La Bibliothèque Impériale, rue Richelieu, est visible pour le public, les mardis et vendredis, de 10 à 3 heures.

La Bibliothèque Sainte-Geneviève, place du Panthéon, est visible tous les jours, excepté les dimanches et fêtes.

Les Bibliothèques Mazarine et de l'Arsenal sont visibles tous les jours, de 10 à 3 heures, excepté les dimanches.

PRIX DES PLACES

AUX

THÉATRES DE PARIS

ACADÉMIE IMPÉRIALE DE MUSIQUE

RUE LE PELETIER

La Salle contient 1,950 places

Avant-scène du rez-de-chaussée	10 »
— des premières	12 »
— des secondes	8 »
Loges du rez-de-chaussée	8 »
Premières loges de face	12 »
— — de côté	8 »
Deuxièmes — de face	8 »
— — de côté	7 »
Troisièmes — de face	6 »
— — de côté	4 »
Quatrièmes — de face	4 »
— — de côté	2 50
Baignoires de face	8 »
Stalles d'orchestre	10 »
— des premières	12 »
Premier amphithéâtre	2 50
Deuxième —	2 50
Parterre	5 »

THÉÂTRE FRANÇAIS

RUE RICHELIEU

La Salle contient 1,522 places

Avant-scène du rez-de-chaussée....................	9 »
Loges du rez-de-chaussée.....................	6 60
Premières loges de face.....................	6 60
Deuxièmes — —	6 »
— — de côté	4 »
Troisièmes — de face.....	3 »
Quatrièmes — —	2 »
Fauteuils d'orchestre......................	5 »
— des premières................	6 50
— des secondes...............	5 »
— des troisièmes..............	2 50
Troisièmes galeries..................	1 50
Amphithéâtre.......................	1 »
Parterre........................	2 50

THÉATRE DES ITALIENS

PLACE VENTADOUR

La Salle contient 1,290 places

Avant-scène du rez de-chaussée	10 »
— des troisièmes	10 »
Loges du rez-de-chaussée	10 »
Premières loges de face	10 »
Deuxièmes — —	9 »
— — de côté	8 »
Troisièmes — —	5 »
Quatrièmes — —	3 50
Stalles d'orchestre	10 »
— des premières	10 »
— des troisièmes	5 »
Parterre	5 »

THÉATRE DE L'OPÉRA-COMIQUE

PLACE FAVART

La Salle contient 2,000 places

Avant-scène du rez-de-chaussée	7 »
— des premières	7 »
— des secondes	5 »
Premières loges de face	7 »
— — de côté	6 »
Deuxièmes — de face	6 »
— — de côté	5 »
Troisièmes — de face	2 »
— — de côté	1 50
Quatrièmes — de face	1 50
— — de côté	1 50
Baignoires de face	6 »
Fauteuils d'orchestre	6 »
— des premières	6 50
— des secondes	6 »
Stalles d'orchestre	4 »
Deuxièmes galeries	3 »
Amphithéâtre	1 »
Parterre	2 50

THÉATRE DE L'ODÉON

PLACE DE L'ODÉON

La Salle contient 1,700 places

Avant-scène du rez-de-chaussée	7 »
— des premières	7 »
— des secondes	2 50
— des troisièmes	1 »
Premières loges de face	5 »
— — de côté	5 »
Deuxièmes — de face	5 »
— — de côté	2 »
Baignoires de face	5 »
— de côté	5 »
Fauteuils d'orchestre	4 »
— des premières	5 50
— des secondes	3 »
Stalles d'orchestre	3 »
Deuxièmes galeries	1 50
Troisièmes —	1 »
Premier amphithéâtre	» 75
Deuxième —	» 50
Parterre	2 »

THÉATRE LYRIQUE

PLACE DU CHATELET

La Salle contient 1,760 places

Avant-scène du rez-de-chaussée	6 »
— des premières	6 »
— des secondes	4 »
Loges du rez-de-chaussée	4 50
Premières loges de face	5 »
Deuxièmes — —	4 50
— — de côté	3 »
Baignoires de face	4 »
— de côté	4 »
Fauteuils d'orchestre	5 »
— des premières	5 »
— des secondes	3 »
Stalles d'orchestre	3 »
— des secondes	2 »
Troisièmes galeries	1 50
Amphithéâtre	» 75
Parterre	1 50

THÉATRE DU VAUDEVILLE

PLACE DE LA BOURSE

La Salle contient 1,300 places

Avant-scène du rez-de-chaussée	6 »
— des premières	6 »
— des secondes	5 »
— des troisièmes	2 50
Premières loges de face	6 »
— — de côté	6 »
Deuxièmes — de face	4 »
— — de côté	3 »
Troisièmes — de face	2 »
Baignoires de côté	4 »
Fauteuils d'orchestre	5 »
— des premières	5 »
Stalles des troisièmes	2 »
Pourtour	3 50
Amphithéâtre	1 »
Parterre	2 »

THÉATRE DES VARIÉTÉS

BOULEVARD MONTMARTRE

La Salle contient 1,200 places

Avant-scène du rez-de-chaussée	6 »
— des premières	6 »
— des secondes	3 »
Deuxièmes loges de face	4 »
— — de côté	2 50
Troisièmes — de face	2 »
— — de côté	2 »
Baignoires de face	6 »
— de côté	6 »
Fauteuils d'orchestre	5 »
— des premières	5 »
Stalles des premières	5 »
— des troisièmes	2 »
Troisièmes galeries	1 50
Pourtour	2 50
Premier amphithéâtre	1 50
Deuxième —	1 »
Parterre	2 »

THÉATRE DU GYMNASE

BOULEVARD BONNE-NOUVELLE

La Salle contient 1,200 places

Avant-scène du rez-de-chaussée	6 »
— des premières	6 »
— des secondes	6 »
— des troisièmes	6 »
Premières loges de face	2 50
— — de côté	6 »
Deuxièmes — de face	6 »
— — de côté	4 »
Troisièmes — de côté	5 »
Quatrièmes — de face	2 »
— — de côté	1 25
Baignoires de face	1 25
— de côté	4 »
Fauteuils d'orchestre	4 »
— des premières	5 »
Stalles des troisièmes	5 »
— des quatrièmes	2 50
Amphithéâtre	1 60
Parterre	1 »
	2 »

THÉATRE DU PALAIS-ROYAL

GALERIE MONTPENSIER

La Salle contient 980 places

Avant-scène du rez-de-chaussée	6	»
— des secondes	4	»
— des troisièmes	3	»
Premières loges de face	5	»
— — de côté	5	»
Deuxièmes — de face	4	»
— — de côté	2	50
Troisièmes — de face	2	»
— — de côté	2	»
Baignoires de face	4	»
— de côté	4	»
Fauteuils d'orchestre	5	»
— des premières	5	»
Stalles des secondes	4	»
— des troisièmes	2	»
Pourtour	2	50
Parterre	2	»

THÉATRE DE LA PORTE SAINT-MARTIN

BOULEVARD SAINT-MARTIN

La Salle contient 2,069 places

Avant-scène du rez-de-chaussée	6 »
— des premières	6 »
— des secondes	5 »
Premières loges de face	5 »
— — de côté	5 »
Deuxièmes — de face	4 »
— — de côté	2 50
Baignoires de face	5 »
— de côté	5 »
Fauteuils d'orchestre	4 »
— des premières	5 »
Stalles d'orchestre	3 »
— des secondes	2 50
— des troisièmes	2 »
Troisièmes galeries	1 50
Premier amphithéâtre	1 »
— —	» 50
Parterre	1 50

THÉATRE DE LA GAITÉ

SQUARE DES ARTS-ET-MÉTIERS

La Salle contient 1,800 places

Avant-scène du rez-de-chaussée	5 »
— des premières	5 »
— des secondes	2 »
Premières loges de face	5 »
Baignoires de face	4 »
— de côté	4 »
Fauteuils d'orchestre	4 »
— des premières	4 »
Stalles d'orchestre	3 »
— des premières	3 »
— des secondes	2 »
Deuxièmes galeries	1 25
Troisièmes —	» 75
Pourtour	3 »
Premier amphithéâtre	1 50
Deuxième —	» 50
Parterre	1 25

THÉATRE DE L'AMBIGU

BOULEVARD SAINT-MARTIN

La Salle contient 1,900 places

Avant-scène du rez-de-chaussée	6	»
— des premières	6	»
— des secondes	2	50
— des troisièmes	1	50
Premières loges de face	6	»
— — de côté	4	»
Deuxièmes — de face	2	50
Quatrièmes — de côté	1	25
Baignoires de face	2	50
de côté	2	50
Fauteuils d'orchestre	4	»
— des premières	4	»
— des secondes	2	50
Stalles d'orchestre	5	»
— des secondes	2	»
Deuxièmes galeries	1	50
Troisièmes —	1	»
Pourtour	2	»
Amphithéâtre	»	50

THÉATRE DU CHATELET

PLACE DU CHATELET

La Salle contient 3,000 places

Avant-scène du rez-de-chaussée	6 »
— des premières	6 »
— des secondes	2 »
— des troisièmes	1 25
Premières loges de face	5 »
Baignoires de face	4 »
Fauteuils d'orchestre	4 »
— des premières	4 »
Stalles d'orchestre	3 »
— des premières	2 »
— des secondes	2 »
Deuxièmes galeries	1 50
Amphithéâtre	1 »
Parterre	1 25

THÉATRE DES FOLIES-DRAMATIQUES

BOULEVARD DU TEMPLE

La Salle contient 1,253 places

Avant-scène du rez-de-chaussée	4 »
— des premières	4 »
— des secondes	2 50
— des troisième	1 50
Loges du rez-de-chaussée	3 »
Premières loges de face	2 50
Stalles d'orchestre	1 »
— des premières	2 »
— des secondes	1 25
Premières galeries	1 50
Deuxièmes —	» 75
Troisièmes —	» 50
Amphithéâtre	» 30
Parterre	» 75

THÉATRE DES DÉLASSEMENTS

RUE DE PROVENCE

La Salle contient 1,000 places

Avant-scène du rez-de-chaussée	4 »
— des premières	4 »
— des secondes	1 50
Premières loges de face	3 »
Fauteuils d'orchestre	3 »
— des premières	3 »
Stalles d'orchestre	1 50
— des premières	1 50
— des secondes	» 75
Deuxièmes galeries	» 50
Troisièmes —	» 40
Parterre	» 75

THÉATRE DÉJAZET

BOULEVARD DU TEMPLE

La Salle contient 750 places

Avant-scène du rez-de-chaussée.	5 »
— des premières	4 »
— des secondes	2 »
Loges du rez-de-chaussée	3 50
Premières loges de face	4 »
— — de côté	2 50
Fauteuils d'orchestre.	5 50
— des premières.	3 »
Stalles d'orchestre	2 50
— des secondes	1 50
Premières galeries.	1 »
Deuxièmes —	1 »
Troisièmes —	» 5
Parterre	1 »

THÉATRE BEAUMARCHAIS

BOULEVARD BEAUMARCHAIS

La Salle contient 1,200 places

Avant-scène du rez-de-chaussée	3	»
— des premières	3	»
Premières loges de face	3	»
Fauteuils d'orchestre	2	»
— des premières	2	»
— des secondes	1	75
Stalles d'orchestre	1	50
— des premières	2	»
— des secondes	1	25
Premières galeries	1	50
Troisièmes —	»	30
Premier amphithéâtre	1	»
Deuxième — . . . . :	»	50
Parterre	»	75

THÉATRE DES BATIGNOLLES

BOULEVARD MONCEAUX

La Salle contient 950 places

Avant-scène du rez-de-chaussée . . . . 5 »
— des premières . . . . 5 »
Premières loges de face . . . . 2 »
— — de côté 1 25
Baignoires de face 1 25
— de côté 1 25
Fauteuils des premières 1 50
Stalles d'orchestre 1 50

THÉATRE DE BELLEVILLE

RUE DE PARIS

La Salle contient 1,500 places

Avant-scène du rez-de-chaussée	3	»
— des premières	3	»
— des secondes	2	»
— des troisièmes	1	»
Loges du rez-de-chaussée	2	50
Premières loges de face	2	»
— — de côté	2	»
Deuxièmes — de face	2	»
— — de côté	1	50
Baignoires de face	2	»
Fauteuils d'orchestre	1	50
— des premières	1	50
Stalles d'orchestre	1	25
— des premières	1	25
— des secondes	1	25
Premières galeries	1	»
Deuxièmes —	1	»
Amphithéâtre	»	50
Parterre	1	»

PARIS. — IMP. SIMON RAÇON ET COMP., RUE D'ERFURTH, 1.

www.ingramcontent.com/pod-product-compliance
Lightning Source LLC
Chambersburg PA
CBHW070308100426
42743CB00011B/2399